RÉFLEXIONS

SUR LE NOUVEAU PROJET DE LOI

COMMUNALE, CANTONALE, DÉPARTEMENTALE,

ET SUR LA LOI ÉLECTORALE DU 31 MAI 1850.

TYPOGRAPHIE DE GEORGES PIGNET, RUE SAINT-GILLES, 14

RÉFLEXIONS

SUR

LE NOUVEAU PROJET DE LOI

COMMUNALE, CANTONALE ET DÉPARTEMENTALE,

ET SUR

LA LOI ÉLECTORALE DU 31 MAI 1850,

PAR

M. A. d'Arthuys,

ancien Sous-Préfet et Membre du conseil général de Maine et Loire.

AU BÉNÉFICE DE LA SOCIÉTÉ DE SECOURS MUTUELS POUR LES OUVRIERS.

Prix : 75 cent.

ANGERS,

IMPRIMERIE-LIBRAIRIE DE GEORGES PIGNET,

RUE SAINT-GILLES, 14.

1851.

RÉFLEXIONS

sur

LE NOUVEAU PROJET DE LOI

Communale, Cantonale et Départementale,

et sur

LA LOI ÉLECTORALE DU 31 MAI 1850.

Le conseil d'Etat a enfin soumis à l'Assemblée législative le nouveau projet de loi sur l'administration intérieure; la commission chargée de l'examen s'en occupe avec toute l'activité et le zèle qu'il réclame; déjà le rapporteur (*) est désigné et il est très probable qu'avant peu son travail donnera lieu à une des plus importantes discussions auxquelles nous ayons assisté depuis la révolution de février.

De toutes les lois organiques imposées par la Constitution, la loi municipale, cantonale et départementale est sans contredit celle qui a le plus de portée politique.

Persistera-t-on dans le funeste système de cen-

(*) M. de Vatimesnil

tralisation qui nous régit depuis bientôt soixante ans, ou accordera-t-on enfin la décentralisation administrative réclamée depuis si longtemps, et que les départements attendent avec tant d'impatience?

Telle est la question qui doit être mise à l'ordre du jour de l'Assemblée : question immense dont la solution intéresse, beaucoup plus qu'on ne le pense généralement, l'avenir de la société toute entière.

S'il faut en croire les journaux, le conseil d'Etat, dans son projet, se montre non-seulement opposé à l'augmentation des attributions des conseils gratuits, mais encore demande que les maires soient nommés par le pouvoir plutôt que par les conseils municipaux. Malgré toute mon estime et ma considération pour le savoir incontestable et le mérite de ceux qui le composent, je n'en suis pas surpris, parce que pour la plupart ce sont des hommes de cabinet, ayant fort peu vécu au milieu des populations agricoles, ne connaissant de l'administration que la théorie et très peu la pratique.

Si la Constitution de 1848, au lieu de tant sacrifier à l'esprit de parti, eût eu plus d'égards pour les justes réclamations que les départements ne cessent d'adresser au pouvoir depuis tant d'années; si, considérant le conseil d'Etat comme la récompense des services rendus dans les fonctions publiques, — ce qu'il devrait être — elle n'y eût appelé que des hommes choisis dans le clergé, l'armée, l'administration, la magistrature et les finances; unissant à une profonde connaissance de la législation une longue expérience des affaires, la loi qui vient d'être présentée ne laisserait rien à désirer, et nous n'aurions pas la crainte de voir encore se renouveler, dans le sein de l'Assemblée, ces discussions souvent trop vives, et, parmi la majorité, ces divisions dont l'unique résultat est de diminuer la confiance, le crédit, et de paralyser le commerce.

Maintenir la centralisation, cause principale de tous nos désastres, c'est faire consister la France dans une seule ville, Paris, et compromettre de plus en plus le présent et l'avenir. L'expérience l'a malheureusement démontré tant de fois, que les départements sont en droit d'exiger aujourd'hui ce qu'ils ont, mais inutilement, demandé aux gouvernements précédents : la réforme d'abus non moins oppressifs que nuisibles aux intérêts généraux et privés.

Que Paris soit une ville de plaisirs, de luxe, la première des capitales de l'Europe, ils sont loin de s'y opposer; je dirai plus, ils en sont fiers, et par conséquent très disposés à faire tous les sacrifices nécessaires pour lui conserver sa réputation, son prestige; mais que Paris, la ville de l'égoïsme par excellence, reste une ville politique, leur faisant une loi de ses exigences et de ses caprices, voilà ce que le bon sens condamne, ce que les hommes de cœur repoussent et combattront sans cesse, car en France la majorité est lasse des révolutions et ce qu'elle veut avant tout, c'est l'ordre et la liberté.

Avec la centralisation, la puissance de Paris est sans limites; elle s'exerce à la fois sur la politique et les intérêts même les plus minimes des communes; elle absorbe je ne dirai pas leur richesse, mais leur aisance; aussi qu'en résulte-t-il? C'est que le commerce se ralentit dans les départemens, faute de confiance; que les denrées agricoles, les bestiaux ne se vendent pas ou se vendent à vil prix; que la misère fait peser sa main de fer sur nos campagnes; que l'agriculteur, afin de se maintenir dans sa ferme et de remplir ses engagemens envers son propriétaire, est contraint de recourir aux épargnes qu'à la sueur de son front il a amassées dans des temps meilleurs, et qui devaient assurer un jour à ses enfants une position honorable et aisée. Paris pendant ce temps-là ne respire que fêtes et plaisirs; ses journaux nous répètent chaque jour que le commerce a retrouvé son ancienne splendeur, parce que les objets de luxe y sont demandés et même recherchés, et dès que cette ville insatiable ne se plaint pas, que la tranquillité y est momentanément rétablie, que les bals s'y succèdent les uns aux autres, que les salles de spectacle y sont encombrées, on s'écrie aussitôt que tout danger est disparu, que la société est sauvée !

Et l'on s'étonne que nous, vivant presque habituellement au milieu des populations agricoles, témoins chaque jour de leurs souffrances, nous fassions cette triste comparaison et soyons effrayés de ce qu'on cherche encore à prolonger un tel état de choses, surtout lorsque nous voyons le socialisme en profiter pour démoraliser les campagnes, et faire des progrès d'autant plus effrayants que nulle intelligence humaine ne peut en prévoir les conséquences ; on s'étonne également, dis-je, que nous poussions un cri de détresse, et demandions au gouvernement les moyens de combattre ces utopies révolutionnaires et de les laisser sans prétexte, en nous donnant enfin une législation qui établisse une égalité parfaite entre Paris et les départements, égalité qui ne peut s'obtenir que par la décentralisation !

Il est bon d'expliquer ici ce que nous entendons par *décentralisation*.

D'abord nous ne demandons point, ainsi que le prétendent quelques-uns de nos adversaires, l'indépendance absolue des départements, telle qu'elle existait autrefois pour les provinces ; nous savons parfaitement qu'elle est incompatible avec l'esprit de notre siècle, nos mœurs, notre éducation ; et bien loin de chercher à diminuer la force de l'autorité, nous avons la prétention au contraire de l'augmenter en conciliant l'unité du pouvoir avec les libertés communales et départementales, libertés qui se résument en trois questions que je me propose de traiter successivement, savoir :

1° Election des Conseils municipaux, cantonaux et départementaux par l'universalité des citoyens domiciliés dans les communes et les cantons;

2° Augmentation des attributions de ces mêmes Conseils;

3° Election des maires et adjoints par les Conseils municipaux.

I.

L'élection des conseillers municipaux, cantonaux et départementaux par l'universalité des citoyens domiciliés dans les communes et les cantons, me semble ne devoir pas souffrir de difficultés ; pour s'en convaincre, il suffit de se demander quelle est la mission de ces conseils?

Le code civil, ce chef-d'œuvre de notre législation, que l'univers admire et nous envie, assimilant avec juste raison les communes aux mineurs, il s'ensuit naturellement que nous devons considérer les conseils municipaux, cantonaux et départementaux comme de véritables conseils de famille. Or, du moment qu'il existe un mineur, la convocation des parents, tant du côté paternel que du côté maternel, pour la formation du conseil de famille chargé de la surveillance de ses intérêts jusqu'à sa majorité, est de droit : de même il est juste que les conseils, appelés à défendre les intérêts généraux et privés des communes, des cantons, des départements, soient nommés par tous ceux qui sont domiciliés dans ces mêmes communes et cantons.

II.

L'augmentation des attributions de ces divers conseils trouve bien plus de contradicteurs, je ne me le dissimule point. D'où cela vient-il ? C'est qu'en France, bien que nous changions avec une extrême facilité, et beaucoup trop souvent pour le bonheur général, de forme de gouvernement, en matière de législation nous n'admettons qu'avec beaucoup de peine les innovations, même celles que nous croyons utiles. Nos hommes politiques, sous ce rapport, peuvent être comparés à ces cultivateurs qui, il y a vingt ans, hésitaient à semer du froment dans leurs terres, parce qu'à l'exemple de leurs pères, ils avaient l'habitude de n'y semer que du seigle. Pourquoi ? C'est qu'il n'y a plus chez nous cet esprit de nationalité qui faisait autrefois la force et la gloire de notre patrie ; que l'égoïsme et l'envie sont les sentiments qui dominent toutes les classes de la société, et que la devise de chacun est : *Ote-toi de là que je m'y mette.* Aussi, à peine une révolution est-elle terminée, qu'il se trouve des personnes qui en rêvent une autre ! Tous veulent parvenir aux honneurs, à la fortune, et pour y arriver il n'est pas de promesses, mêmes celles qu'on sait parfaitement ne pouvoir tenir, qu'on ne fasse au peuple afin de le séduire et de l'entraîner. Ce but atteint, le pouvoir a tant de charmes que nul ne veut s'en dessaisir. Quelque soit la forme du gouvernement, Monarchie ou République, les nouveaux appelés à diriger les affaires suivent les mêmes errements que leurs devanciers, qu'ils avaient tant critiqués, tant blâmés ; et s'ils se croient un instant dans l'obligation d'accorder quelques réformes, ils ont grand soin, lors de l'application, d'en amoindrir les effets. Qui souffre de ce *statu quo* permanent? La propriété, le commerce et l'industrie. Mais peu leur importe? leur ambition est satisfaite; que leur faut-il de plus ?

Pour qu'un pays soit prospère, il est cependant indispensable que sa législation soit en harmonie avec ses besoins, j'ajouterai même avec ses exigences, et quand, dans une société comme la nôtre, chacun veut compter pour quelque chose et ne se contente pas de la position dans laquelle la Providence l'a placé, le premier devoir d'un gouvernement sage et prévoyant est de diminuer les charges qui pèsent sur l'agriculture, le commerce et l'industrie, en restreignant le trop grand nombre de fonctions publiques salariées, et de donner à celles qui sont purement honorifiques une plus grande importance, afin d'augmenter l'influence de ceux qui les occupent et de les dédommager par là de leurs peines, de leurs sacrifices. Cette importance ne peut s'obtenir que par l'augmentation des attributions des conseils gratuits, augmentation qui présente en outre un très grand avantage : celui de simplifier les rouages administratifs qui, par leur complication actuelle, compromettent continuellement les intérêts généraux et privés, et de modifier une législation que tous les hommes qui ont veilli dans la pratique de l'administration reconnaissent être vicieuse et déplorable.

Les partisans de la centralisation prétendent que l'action du pouvoir étant restreinte, l'autorité perdra de sa force. C'est une objection que je ne puis admettre. Il y a longtemps que j'étudie la grave question qui nous occupe en ce moment, et plus j'y réfléchis, plus je suis convaincu du contraire; les détails dans lesquels je vais entrer sur les principales attributions à accorder aux conseils municipaux, cantonaux et généraux, suffiront pour le démontrer.

Conseils Municipaux.

Les conseils municipaux étant assimilés aux conseils de famille doivent nécessairement en avoir les attributions. Il serait donc de toute justice de leur laisser la libre disposition des revenus et le réglement définitif du budget de la commune, au lieu de donner aux préfets, comme aujourd'hui, le droit de leur imposer des dépenses qui leur sont inutiles et le plus souvent étrangères, telles que les abonnements à un journal politique, au bulletin des lois, celle des enfants-trouvés, qui absorbe chaque année la majeure partie des ressources départementales et devrait, ainsi que les dépenses des prisons et des aliénés, être plutôt à la charge du gouvernement.

Si l'on redoute que quelques abus ne soient le résultat de cette concession, il est facile de les prévenir en déclarant que les budgets des communes rurales ne seront exécutoires qu'après avoir été revêtus du visa du sous-préfet de l'arrondissement, et en soumettant à celui du préfet ceux des chefs-lieux de canton, d'arrondissement et de département.

Il ne serait pas moins nécessaire de leur accorder la faculté :

1° De fixer les conditions de tous les baux à ferme ou à loyer pour les biens ruraux, ainsi que celles des baux des biens pris à ferme ou à loyer par la commune, quelle qu'en soit la durée ;

2° De faire les acquisitions, aliénations, échanges des propriétés communales, de régler, en un mot, tout ce qui intéresse leur conservation et leur amélioration ; de même les constructions, réparations, démolitions concernant l'église, le presbytère, la mairie, la maison d'école, en un mot, tous les bâtiments communaux, lorsque ces constructions, réparations ou démolitions ne dépasseraient pas la somme de 1,500 fr.

On exigerait pour celles de 1,500 à 5,000 fr., l'autorisation du sous-préfet, donnée par un arrêté pris sur l'avis d'une commission permanente, désignée à cet effet tous les ans par chaque conseil cantonal; au delà de 5,000 fr., celle du préfet qui serait obligé de consulter la commission permanente du conseil général; le gouvernement n'aurait à intervenir que pour l'autorisation de dépenses excédant 100,000 fr.

Cette concession serait d'autant plus urgente qu'elle ferait cesser un des abus les plus criants de nos réglements administratifs qui soumettent la majeure partie de ces dépenses à l'approbation du gouvernement.

Qu'en résulte-t-il? Lorsque cette approbation revient après un laps de temps de deux, trois, quatre mois et plus, les dégradations sont plus considérables et l'on est contraint d'avoir recours à un devis supplémentaire, qui souvent double et triple la dépense primitive. De là les plaintes, les récriminations des contribuables contre le gouvernement, et cependant est-ce sa faute? N'est-ce pas plutôt celle de la législation, car chacun sait qu'il est impossible à un ministre d'entrer dans tous les détails de son administration, qu'il est forcé de laisser l'examen de ces sortes d'affaires à ses bureaux, composés en général d'employés étrangers aux localités, qui, par conséquent, n'y prennent aucun intérêt et ne s'en occupent que selon leur bon plaisir.

3° Enfin il serait à propos d'accorder aux Conseils municipaux la liberté de nommer les administrateurs des bureaux de bienfaisance et des hospices situés dans la commune, ou au moins celle de désigner une liste de candidats à l'autorité supérieure de l'arrondissement ou du département, et de juger en dernier ressort, sauf l'approbation de la même autorité, toutes les questions sur lesquelles ils sont appelés à délibérer, en vertu de la loi du 18 juillet 1837.

Conseils Cantonaux.

La Constitution a remplacé les conseils d'arrondissement par les conseils cantonaux. A-t-elle eu raison? L'expérience seule pourra le démontrer. Par cette innovation, l'intention du législateur a été évidemment de mettre le gouvernement à même de mieux connaître les besoins des diverses localités que les conseils d'arrondissement négligeaient peut-être quelquefois de faire valoir. Ce sera, il est vrai, un avantage; mais je doute fort qu'il compense les inconvénients de cette institution qui, mettant trop en contact les intérêts des communes limitrophes, suscitera infailliblement entr'elles des rivalités, des divisions, que dans une bonne administration il est toujours prudent d'éviter.

Je vais en donner un exemple.

Sans doute la nouvelle loi accordera aux conseils cantonaux toutes les attributions des conseils d'arrondissement, entr'autres la répartition des contributions entre les communes; et comme ils seront composés des délégués de ces mêmes communes, chacun se croira dès lors en droit de demander une diminution pour celle qu'il représente. On me dira que le cadastre servant de base à l'assiette des contributions devra également présider à leur répartition? Au premier abord, l'objection, j'en conviens, paraît fondée, et pourtant elle ne l'est pas; car il est généralement reconnu maintenant que cette opération financière, qui fera dans tous les temps la gloire de son auteur, a dès le principe été viciée dans son application par le choix des classificateurs laissés juges dans leur propre cause. De sorte qu'il n'est pas rare de rencontrer dans une commune, et je puis ajouter dans presque toutes, deux propriétés de la même contenance, de la même valeur, imposées différemment; aussi le ministre des finances, l'année dernière, a-t-il été obligé d'avouer à l'Assemblée législative qu'il y avait des départements bien plus grevés les uns que les autres. Malheureusement il est difficile d'y porter remède, à raison des dépenses considérables qu'occasionnerait la révision du cadastre. Il me semble qu'il eût été peut-être plus sage de maintenir les conseils d'arrondissement, où les intérêts locaux étaient moins en présence, afin d'éviter des réclamations continuelles, et d'attendre, pour les remplacer par les conseils cantonaux, que l'Etat de nos finances nous eût permis de donner à la répartition des contributions une base plus juste et plus vraie.

Néanmoins, puisque cette innovation existe, je suis d'avis de conférer aux conseils cantonaux, outre les attributions des conseils d'arrondissement, la classification définitive des chemins vicinaux qui ne sont pas subventionnés, — c'est-à-dire des chemins de grande communication ; — l'application des rôles de prestation des communes sur ceux que réclame l'intérêt général du canton, et la nomination de la commission permanente dont il est parlé précédemment.

Conseils Départementaux.

Les conseils départementaux, plus ordinairement désignés sous le nom de conseils généraux, sont aux départements ce que les conseils municipaux sont aux communes et les conseils cantonaux aux cantons. Concilier les intérêts généraux et privés, encourager l'agriculture, le commerce et l'industrie, n'employer les ressources des départements qu'à accroître leur prospérité, telle est leur principale mission.

Composés des délégués de tous les cantons du département, choisis parmi les hommes qui ont la réputation de mieux connaître les besoins de leurs localités, soit parce qu'ils y ont exercé ou qu'ils y exercent des fonctions municipales, soit à tout autre titre; jouissant d'ailleurs de la confiance publique, les conseils généraux ont et doivent avoir une très grande importance. Dejà, depuis qu'ils sont électifs, c'est dans leur sein que, presque généralement, les populations sont venues et viennent chercher la majeure partie de leurs députés, de leurs représentants. En prouvant au gouvernement le degré de considération qui les entoure, ce fait seul le convaincra de la nécessité d'étendre leurs pouvoirs, afin d'accroître leur influence.

Pourquoi ne leur donnerait-on pas le droit de régler définitivement leurs budgets, et aux préfets celui de les rendre exécutoires, au lieu de continuer à les soumettre chaque année à l'approbation des ministres ou plutôt de leurs bureaux qui, par la lenteur de leur examen, le retard de leurs décisions, empêchent souvent dans les départements, l'exécution de travaux importants qui pourraient être d'un grand secours à la classe ouvrière dans une saison où l'agriculture ne peut l'occuper, et qui mettraient un terme à la misère de nos campagnes, à laquelle on ne fait pas assez attention et qu'il serait bien temps de soulager?

Pourquoi les conseils généraux ne statueraient-ils pas en dernier ressort sur les circonscriptions des cantons, des communes; leur réunion ou leur disjonction; les difficultés élevées relativement à la répartition des travaux qui intéressent plusieurs communes; l'établissement, la suppression ou le changement des foires et marchés?

En résumé, pourraient et devraient leur être soumises toutes les questions qui sont jugées actuellement par le comité de l'intérieur, composé de conseillers d'Etat sans doute fort instruits, mais qui, ne connaissant pas les localités, sont obligés de s'en rapporter à des renseignements souvent faux, et émettent parfois des décisions contraires aux avis des conseils généraux qui, par la nature même de leur mission, sont plus aptes à apprécier la justesse et l'opportunité de ces mêmes questions.

Pourquoi ne les consulterait-on pas sur les projets de loi purement administrative que le gouvernement se proposerait de soumettre à l'Assemblée législative?

Pourquoi enfin ne leur laisserait-on pas l'application de ces lois, dont les principes doivent, sans doute, être les mêmes pour toute la France, mais dont l'application doit varier selon les besoins de chaque département ?

Nos représentants veulent-ils une preuve de l'injustice qui se cache quelquefois sous l'uniformité de l'application d'une loi ?

Qu'ils étudient la loi sur les prestations du 21 mai 1836, loi bien préférable dans ses résultats à celle du 28 juillet 1828, et en comparant les journées de prestation imposées chaque année aux fermiers de la Beauce, de la Normandie, de la Picardie, etc., et celles qui sont exigées des fermiers du Berry, du Limousin, de la Bretagne, etc., ils reconnaîtront que proportionnellement la loi grève beaucoup plus les contrées où le genre de culture exige que les fermes ou métairies aient peu d'étendue et par conséquent soient plus nombreuses, que les départements circonvoisins de Paris.

Enfin, il serait facile de suppléer aux conseils généraux durant l'intervalle des sessions, en plaçant auprès de chaque préfet une commission permanente élue chaque année par ces conseils et prise dans leur sein. On obligerait les préfets à la consulter sur toutes les questions dont la solution leur serait attribuée.

Si, d'ailleurs, les concessions dont nous avons parlé étaient faites, il serait utile que les conseils généraux eussent deux sessions chaque année, l'une au mois de mai et l'autre au mois de septembre.

Dans la première, ils seraient appelés à se prononcer sur toutes les questions où les diverses communes du département seraient intéressées, et à donner leur avis sur celles qu'il plairait au gouvernement de leur soumettre. Dans la seconde, ils s'occuperaient uniquement du réglement des budgets départementaux.

Je n'ajouterai plus qu'un mot avant de passer à la troisième question, c'est que les conseils généraux étant composés, pour la plupart, de propriétaires, de commercants et d'industriels, plus on étendra leurs pouvoirs, plus on donnera d'influence à la propriété, au commerce, à l'industrie ; et la force du gouvernement, loin d'en être restreinte, en sera nécessairement plus grande, puisque de l'importance de ces conseils résultera celle des sous-préfets et des préfets.

Que l'on se reporte à ce que ceux-ci étaient sous l'empire, et qu'on réfléchisse bien à ce qu'ils sont aujourd'hui, on ne tardera pas à reconnaître la justesse de nos observations et l'urgence des réclamations que, dans l'intérêt général, nous avons cru devoir soumettre aux représentants de la France.

III.

Par suite des différentes interprétations données aux fonctions des maires et des adjoints, le mode de leur nomination divise en ce moment les partisans même les plus prononcés de la décentralisation.

Les uns les considèrent comme de simples officiers de police judiciaire et administrative, comme des délégués du pouvoir près les communes, et, avec raison, sont d'avis d'attribuer leur nomination au gouvernement ou à ses agents, qui seulement seraient obligés de les choisir sur une liste de trois candidats présentés par les conseils municipaux.

Les autres, regardant comme purement secondaires les fonctions d'officiers de police qui leur sont attribuées, soutiennent que la principale mission des maires et adjoints consiste dans l'administration des revenus et des biens communaux, la défense des intérêts locaux, la surveillance de l'exécution des délibérations des conseils municipaux, et, en conséquence, réclament leur élection directe par ces mêmes conseils.

Si l'on veut bien juger cette question, il faut d'abord se demander quel a été, lors de l'organisation des municipalités, le motif du législateur? Pour moi, je l'avouerai, elle ne me présente aucune difficulté. Le code civil, dont les principes doivent servir de base à toutes nos lois, quelqu'en soit l'objet, ayant, je l'ai dit plus haut, assimilé les communes aux mineurs, les conseils municipaux aux conseils de famille, il me paraît évident que les maires sont d'abord et doivent être avant tout leurs tuteurs, les défenseurs officieux de leurs intérêts. Si telle a été l'intention du législateur, ils ne sont donc point les délégués du pouvoir près les communes, mais ceux des communes près du pouvoir, ce qui est bien différent, et ils doivent à ce titre indubitablement être nommés par les conseils municipaux.

Quelques personnes, qui partagent cette opinion, hésitent encore cependant à se prononcer pour le maintien de ce qui existe depuis trois ans, parce qu'elles craignent que les maires n'abusent de leur position pour faire prévaloir leurs opinions politiques et entraver la marche de l'administration. Je suis loin de prétendre que cette appréhension n'est pas fondée : à l'époque où nous vivons, il est probable qu'il en sera ainsi dans quelques communes de France et que des embarras suivront ; mais une loi municipale n'est pas du nombre de celles qu'on peut, sans de graves inconvénients, défaire et refaire chaque année. Elle doit à la fois garantir le présent et l'avenir. D'ailleurs l'article 80 de la Constitution a prévu ce cas, et a donné au président de la république le droit de dissoudre, de l'avis du Conseil d'état, les conseils généraux, cantonaux et municipaux. Par la même raison, pourquoi, dans la nouvelle loi, ne donnerait-on pas aux sous-préfets, aux préfets et aux ministres celui de suspendre et de révoquer les maires et adjoints? Dans ce cas, nos représentants peuvent être bien certains, et pour nous habitants des campagnes cela ne fait pas l'objet d'un doute, que les électeurs communaux, convoqués *ad hoc*, n'hésiteraient pas à faire justice de ceux qui auraient sacrifiés à leurs passions les intérêts de la commune, ou qui les auraient compromis au lieu de les défendre, de les protéger.

D'un autre côté, en laissant la nomination des maires à la disposition du pouvoir, ne doit-on pas redouter l'arbitraire de ses agens? N'a-t-on pas vu, il y a quelques années, des maires destitués pour certain voyage de Londres; d'autres ne l'ont-ils pas été en 1848, par les commissaires du gouvernement provisoire, sous prétexte qu'ils avaient, dans les élections générales, distribué des listes ou qui ne contenaient pas le nom de ces commissaires, ou qui froissaient leurs affections et ce qu'ils appelaient leurs principes politiques.

Malheureusement, parmi les membres de l'Assemblée législative, beaucoup n'ont jamais exercé les fonctions de maires, ni même celles de conseillers municipaux, et n'en ont pas une idée juste; aussi lorsqu'ils seront appelés à se prononcer sur le principe de la nomination, il est à craindre qu'ils ne se laissent prévenir par l'opinion généralement répandue, que ces places ne sont que des sinécures plus ou moins agréables destinées à flatter l'amour-propre de ceux qui les occupent.

Les juger ainsi ce serait de leur part une grave erreur.

Un maire qui comprend réellement sa mission a souvent plus d'occupations que bon nombre de fonctionnaires publics salariés; surtout depuis qu'ils sont chargés de la confection des listes électorales, des listes de recrutement et de la garde nationale, etc.

Sa surveillance est de tous les jours, de tous les instants.

Sans cesse il est dérangé par ses administrés qui viennent le consulter à tout propos.

Parfois même il est appelé à remplir dans sa commune les fonctions de juge de paix et de notaire; aussi peut-on dire, ce qui est incontestable, qu'il n'a que très peu d'instants libres.

Or, comment le dédommager des peines, des contrariétés, des ennuis qui l'assaillent à chaque instant, si ce n'est en lui accordant une plus grande part d'influence et de considération. Croirait-on y parvenir en le faisant nommer par le gouvernement ou par l'autorité administrative?

Dans ce siècle où tout est égoïsme, où les révolutions se succèdent avec tant de rapidité, où l'autorité est si peu respectée, bien loin d'augmenter ainsi leur prépondérance, on diminuerait celle qu'ils avaient pu acquérir comme propriétaires, commerçants ou industriels. Lorsqu'ils seront devenus fonctionnaires de l'Etat, on ne leur saura plus gré de leur zèle, de leurs sacrifices, car on supposera à leur acceptation un motif d'ambition ou d'intérêt privé.

S'ils sont choisis par les conseils municipaux, au contraire, ils verront dans leur élection une preuve d'estime, de confiance de la part de leurs concitoyens, et, en se dévouant à la défense de leurs intérêts, ils n'auront qu'un but, leur prospérité.

Ils trouveront la récompense de leurs travaux, de leurs tribulations, dans l'influence qu'ils acquierront de plus en plus chaque jour sur leurs administrés, influence qui, dans les jours de troubles ou d'émeute, donnera du poids à leurs paroles, à leurs recommandations, et concourra plus au rétablissement de l'ordre, que les mesures sévères, répressives du fonctionnaire public, que le déploiement même de la force militaire.

Par le développement de ces trois questions, il me semble avoir suffisamment démontré la nécessité de la décentralisation administrative, pour ne pas être obligé d'y revenir. Comme je ne veux point abuser de la patience du lecteur, je me bornerai à en résumer ici, en peu de mots, tous les avantages.

En augmentant les attributions des conseils municipaux, cantonaux et généraux, on simplifie les rouages si compliqués de l'administration, et on entre dans une voie d'économie qui permettra de réduire peu à peu les charges énormes qui pèsent sur l'agriculture, le commerce, l'industrie, et de combler le déficit effrayant qui existe dans nos finances, déficit qui s'accroît chaque année et nous menace d'une catastrophe terrible, inévitable, si on n'y porte promptement remède. On donne aux sous-préfets, aux préfets une plus grande étendue de pouvoirs, et par conséquent on entoure leur autorité de l'influence, de la considération, je dirai plus, du respect qui leur est nécessaire pour bien administrer : ce que doit désirer tout gouvernement qui veut être stable et n'a d'autre ambition que d'assurer la prospérité du pays.

En abandonnant la nomination des maires aux conseils municipaux, et celle des conseils municipaux, cantonaux et généraux à l'universalité des citoyens domiciliés dans les communes et les cantons, on rend à la propriété, au commerce, à l'industrie toute leur importance.

On force les grands propriétaires d'habiter

moins rarement la campagne, de s'y faire aimer, considérer, soit en occupant journellement la classe pauvre, en soulageant la misère qui la ronge aujourd'hui et dont on ne peut se faire une idée que lorsqu'on en a tous les jours sous les yeux le triste spectacle, soit en facilitant, par des sacrifices bien entendus et faits à propos, le développement de l'agriculture.

Tout le monde est généralement convaincu de cette vérité; c'est qu'une société n'a de durée qu'autant qu'on fait respecter les principes religieux et sociaux. Pourquoi donc nos législateurs, qui, comme nous, doivent être las des révolutions, n'en font-ils pas l'application en donnant à la religion, à la famille, à la propriété toute l'influence qu'elles doivent avoir? Il ne suffit pas de s'occuper seulement du présent, il faut aussi songer à l'avenir. Le temps est venu de faire droit aux justes réclamations des hommes de patriotisme et d'abnégation qui veulent avant tout l'ordre et rêvent encore, malgré nos déplorables et éternelles divisions, la gloire, la prospérité de la France.

Que nos représentants y réfléchissent. De la loi municipale, cantonale et départementale, ainsi que je l'ai dit en commençant, dépend le salut de la société toute entière. Adopter le projet du conseil d'Etat, maintenir la centralisation, c'est vouloir le despotisme, favoriser les plus viles passions, perpétuer la bureaucratie, le seul privilége de notre époque, le plus honteux et le plus pénible à supporter pour une nation, car c'est celui de l'égoïsme et de la cupidité. Au contraire, proclamer la décentralisation administrative, c'est donner de la vie, de la force à l'autorité, et garantir à jamais l'ordre, le bonheur et la véritable liberté.

DE LA LOI DU 31 MAI 1850.

Outre la question de décentralisation administrative, la discussion de la nouvelle loi municipale, cantonale et départementale soulèvera infailliblement deux questions non moins importantes, sur lesquelles nous croyons utile d'appeler l'attention de nos représentants, en leur soumettant quelques observations justificatives de la solution que, selon nous, il convient de leur donner.

Ces questions sont de savoir :

1° Si la loi du 31 mai 1850 doit être appliquée aux élections municipales et départementales?

2° Si cette même loi n'a pas besoin d'être modifiée?

Les avantages de la décentralisation administrative, — nous l'avons suffisamment démontré, — étant de concilier l'unité de pouvoir avec les libertés communales et départementales, et de diminuer les entraves apportées à la marche des affaires par la législation actuelle, en la simplifiant, il s'ensuit que ceux qui jugent la décentralisation indispensable et la réclament, doivent vouloir maintenir l'unité de pouvoir. Elle seule fait la force des gouvernements, qui ne peuvent exister en effet qu'autant que les principes de législation seront les mêmes pour tous, et par conséquent appliqués à toutes les élections municipales, cantonales, départementales, de la garde nationale, des comices agricoles, à celle du président de la République, et des membres de nos assemblées constituantes ou législatives.

Cependant, nous devons en convenir, l'expérience que nous avons faite du suffrage universel, depuis trois ans, n'est-elle pas plus que suffisante pour justifier l'opinion contraire, et ne nous donne-t-elle pas la certitude que l'élection des représentants par département au scrutin de liste, et le vote au chef-lieu de canton, en ont faussé dès le principe l'application. Compris de la sorte, le suffrage universel accorde un avantage immense aux populations des villes sur celles des campagnes, en facilitant, en encourageant même les intrigues, et ces divisions de partis dont la fusion serait pourtant bien facile, si au lieu de nous rappeler les souvenirs d'un passé pénible pour tous, nous nous laissions diriger dans nos actes politiques par le désir sincère de consolider les bases fondamentales de la société, d'assurer à notre patrie un avenir tranquille et prospère.

Aussi est-il généralement reconnu aujourd'hui que, pour que nos assemblées politiques, constituantes ou législatives, soient réellement l'expression de la majorité de la nation, il faut que le vote ait lieu à la commune, l'élection par sections dans chaque département, et que le suffrage universel, qui nous semble le seul possible, le seul efficace dans les temps de crise où nous nous trouvons, soit indirect pour les représentants, mais direct pour toutes les autres élections. Cependant la Constitution de 1848 ayant décrété le suffrage universel direct, nous devons aujourd'hui nous borner à émettre seulement nos vœux, et attendre avec résignation l'époque de sa révision : l'intérêt général nous le commande, et bien que, sous beaucoup de rapports, elle ait trompé notre attente, hommes d'ordre et de dévouement avant tout, nous pouvons en gémir, mais jamais nous ne chercherons à l'enfreindre.

Sur cette première question je suis heureux de me trouver d'accord avec le gouvernement et la majorité de l'Assemblée législative ; je désirerais qu'il en fût de même quant à la seconde.

Malheureusement l'application de cette nouvelle loi du 31 mai 1850 m'en a trop révélé les inconvénients, lors de la confection des listes électorales, pour que je ne me range pas du côté de ceux qui pensent qu'elle doit être modifiée.

Comme nous vivons dans un siècle où la défiance domine tous les sentimens, où le plus souvent chacun se montre disposé à mal interpréter les pensées les plus franches, les plus désintéressées, mes lecteurs, je l'espère, me permettront de leur faire connaître mon opinion toute entière sur l'origine et l'ensemble de cette loi.

Tout le monde se rappelle l'inquiétude et l'effroi qui se répandirent dans Paris et dans toute la France, après l'élection du 28 avril qui n'était autre chose que la glorification de l'immoralité et de l'insurrection. On n'ignore point non plus que le succès des soi-disants socialistes fut attribué, non à cet esprit d'opposition qui, depuis tant d'années, semble être le privilége des Parisiens, mais au retour des 12,000 déportés qui venaient d'être amnistiés, et à celui de ces jeunes gardes mobiles licenciés par l'Assemblée législative. Mécontents, dit-on, de cette mesure commandée par l'économie, ils se laissèrent entraîner par ceux qu'ils avaient combattus, en juin 1848, avec tant de dévouement et un courage vraiment sublime.

Chacun alors se demandait ce que nous allions devenir, si nous devions encore voir se renouveler ces déplorables journées où la société avait été si près de sa ruine, et si le gouvernement ou l'Assemblée législative n'allaient pas remédier à un abus aussi criant du droit électoral, et rassurer les esprits. Cet espoir ne fût pas déçu; le ministère comprit son devoir et, reconnaissant que le vice capital de la loi du 15 mars 1849 était dans la durée du domicile politique fixé à six mois, il n'hésita pas à prendre l'initiative et à présenter à l'Assemblée législative des modifications à cette loi. Elles furent adoptées à une immense majorité et accueillies avec joie par tous ceux qui, comme moi, je l'avouerai franchement, ont un faible pour les mesures énergiques, quand elles ne tendent pas à troubler l'ordre et à porter atteinte à la véritable liberté que le pays réclame et qu'après tant de vaines promesses, il serait urgent de lui accorder.

Par ces modifications furent exclues du droit électoral les populations nomades sans feux ni lieux, vivant au jour le jour, constamment esclaves de leurs passions et se laissant séduire par l'appât du gain et du pillage. Inconnues, pour ainsi dire, dans les temps de calme, elles paraissent sortir des entrailles de la terre aux jours d'émeute et de révolutions, détruisant tout, semblables aux torrents dévastateurs qui ne laissent sur leur passage que mort et misère.

Mais lorsqu'il fallut les appliquer à la confection des listes électorales, on ne tarda point à s'apercevoir qu'en atteignant ce but, les dispositions de la loi diminuaient les forces du parti de l'ordre; que, si elles lui offrent quelques avantages dans les grands centres de population urbaine et industrielle, elles lui étaient d'un autre côté très préjudiciables parmi les populations agricoles; qu'enfin elles présentaient le même inconvénient que toutes nos lois administratives: celui de favoriser les départements qui entourent Paris et de neutraliser dans les autres l'influence de la propriété.

Je me propose plus tard de démontrer l'existence de ces inconvénients.

L'Assemblée législative, en laissant aux juges de paix le choix des deux délégués domiciliés dans le canton, chargés spécialement avec les maires de la confection des listes électorales au sein des communes, a cru prévenir toute tentation de fraude; et je partagerais sa manière de voir si, comme autrefois, les justices de paix servaient de retraites à d'anciens magistrats ou jurisconsultes qui, unissant à une longue expérience des affaires une connaissance parfaite des diverses localités, jouissaient de l'estime générale et exerçaient une notable influence par suite de l'esprit de conciliation qu'ils apportaient dans tous leurs actes. Mais, depuis bien des années, on a vicié cette belle institution en confiant ces fonctions à des jeunes gens sans expérience, qui les considèrent comme un marchepied pour parvenir à d'autres plus élevées et qui, étrangers pour la plupart à leur juridiction, sont obligés, pour faire ces choix, de s'en rapporter à des renseignements souvent erronés et le plus ordinairement dictés par l'intérêt personnel ou l'esprit de parti.

Afin de prévenir ces abus, il suffirait d'adjoindre aux délégués désignés par le juge de paix, deux autres délégués pris dans le sein du conseil municipal et élus par lui; ce qui donnerait à l'autorité municipale la prépondérance qu'elle doit avoir dans la confection des listes électorales, et toutes les garanties désirables contre toute tentation de fraude ou de dol.

Quant au domicile politique, je commencerai par déclarer que je ne suis point de ceux qui prétendent que l'Assemblée législative a violé la Constitution, en l'exigeant dans la loi du 31 mai pour acquérir la qualité d'électeur; je pense, au contraire, qu'elle en avait le droit et que ce droit lui était conféré par l'article 25 de la Constitution, ainsi conçu : « Sont électeurs, sans conditions de cens, tous les Français âgés de 21 ans et jouissant de leurs droits civils et politiques; » ce qui veut dire ayant un domicile réel. La preuve qu'elle l'a bien entendu ainsi, c'est que la Constituante, dans la loi électorale du 15 mars 1849, a fixé la durée du domicile politique à six mois. Or, qui dit moins dit plus, et si la Constituante s'est reconnu le droit d'exiger une certaine durée du domicile, l'Assemblée législative avait également celui de l'augmenter en le fixant à trois ans au moins. Seulement je pense qu'elle lui a donné une trop grande extension ; qu'en l'établissant dans la commune et dans le canton et en la faisant constater par l'inscription aux rôles de la taxe personnelle et des journées de prestation, elle a restreint l'influence qu'il est reconnu partout indispensable de donner à la famille, à la propriété dans les élections.

En effet, personne n'ignore que les mutations, inscriptions et radiations sur les rôles de la taxe personnelle et des journées de prestation, sont faites tous les ans dans le courant du mois de mai, par le contrôleur des contributions directes d'après l'avis des répartiteurs; qu'elles ne sont définitivement exécutées qu'au mois de janvier suivant et que, dans beaucoup de communes les journaliers n'y sont pas compris, quoiqu'ils figurent au rôle de la contribution mobilière. D'où il s'ensuit qu'une personne qui vend la propriété qu'elle habitait dans une commune et en achète une dans un autre canton, au mois de mars ou de juin, ne peut y exercer son droit électoral qu'après une résidence de quatre années ou de trois années et demie au moins, et que si elle veut prendre part aux élections, elle est obligée de voter au lieu de son premier domicile, où elle n'a conservé aucune relation et par conséquent ne peut plus y avoir d'influence Qu'arrivera-t-il? C'est que, convaincus de cette vérité, ceux qui se trouveront dans cette position préfèreront s'abstenir plutôt que de s'exposer à un déplacement toujours onéreux, qui ne leur offrira aucun avantage, et de cette manière il se trouvera que dans deux cantons différents, lors des élections générales, il y aura deux propriétés qui ne seront point représentées.

Par cet exemple on peut juger du grave inconvénient de cette disposition, si la loi du 31 mai 1850 venait à être appliquée à la loi municipale, cantonale et départementale.

Il en résulte également qu'on se prive du concours des journaliers qui, dans une grande partie de la France, sont une portion importante de la population rurale, et qui, dans les élections, suivent en général l'impulsion qui leur est donnée par les propriétaires qui les emploient, et sont par leur position plus intéressés que tout autre au maintien de l'ordre. Il en est de même des domestiques de ferme.

J'ai dit en commençant que la nouvelle loi électorale était plus favorable aux départements qui entourent Paris qu'à tous les autres, et je le prouve.

Dans les premiers, les fermes sont plus étendues; ceux qui les occupent sont riches, ou au moins dans l'aisance, et ont presque tous le degré d'instruction suffisant pour pouvoir, sans avoir recours à l'assistance de deux témoins, faire inscrire sur les listes électorales leurs enfants ou leurs domestiques.

Dans les autres, les fermes ou métairies ont bien moins d'importance; les fermiers ou colons partiaires ont peu d'aisance et pour la plupart ne savent ni lire, ni écrire; l'assistance de deux témoins leur est donc indispensable pour obtenir la même inscription.

Il est d'ailleurs dans ces pays un usage fâcheux, mais qui n'en existe pas moins, c'est que rarement les domestiques restent plus de trois ans dans la même ferme, dans la même métairie. Ils changent quelquefois de commune, difficilement de canton, parce qu'ils tiennent à ne pas trop s'éloigner du lieu de leur naissance ou du domicile de leurs parents. Afin qu'ils puissent faire partie de la liste électorale, il leur faut donc l'assistance de leur premier maître et de deux témoins, puis du second et de deux autres témoins.

Ainsi dans les uns, une seule déclaration suffit, et dans les autres on en exige au moins trois et souvent six. Aussi est-ce avec beaucoup de peines que les propriétaires parviennent à décider leurs fermiers ou colons partiaires à se soumettre à toutes ces difficultés qui les découragent; rarement ils y réussissent, et pour ceux qui comparent les listes électorales de 1848 avec celles de 1850, il est constant qu'il y a dans le nombre des électeurs ruraux une diminution d'un tiers, dont les suffrages dans toutes les élections étaient presque généralement acquis au parti de l'ordre.

Pour obvier à cet inconvénient beaucoup plus important dans ses résultats qu'on ne le suppose, il suffirait d'appliquer les dispositions de l'article 9 du code civil au domicile politique, qui serait dès-lors d'une année en principe, et par le fait de dix-huit mois et même de deux ans ; de le faire constater par l'inscription sur un des rôles des quatre contributions personnelle, foncière, mobilière, portes et fenêtres, et des journées de prestation ; d'admettre pour les ouvriers et domestiques qui ne figurent pas sur les quatre premiers rôles, les déclarations verbales des maîtres et patrons ne sachant ni lire ni écrire, qui seraient consignées sur un registre déposé à la justice de paix, parafées et signées tous les quinze jours par ces magistrats et les maires des communes habitées par ces mêmes fermiers ou patrons, et devraient être faites tous les ans, du 1er janvier au 1er mai ; enfin d'accorder aux délégués, choisis moitié par les juges de paix, moitié par les conseils municipaux, la faculté, sous leur responsabilité personnelle, les déclarant passibles d'une amende, et même de la prison s'il y a récidive, en cas de fausses inscriptions faites avec connaissance de cause, d'apporter d'office sur les listes électorales tous ceux qu'ils sauraient résider dans la commune ou dans le canton depuis deux ans, temps fixé pour le domicile politique.

On m'objectera peut-être qu'exiger l'inscription sur l'un des rôles des quatre contributions, c'est rétablir le cens prohibé par la Constitution ? Je ne le pense pas, car je ne saurais comprendre la différence que l'on peut établir entre les rôles de la contribution personnelle, des journées de prestation et les trois autres. En outre, pour tout homme de bonne foi, qui dit cens dit désignation d'une certaine quotité ; or, du moment que pour constater le domicile politique, la simple inscription sur l'un de ces rôles, sans désignation de chiffre, confèrerait le droit électoral, l'article 25 de la Constitution serait parfaitement observé.

Craindrait-on d'admettre, par ces nouvelles dispositions, sur les listes, une partie de ces populations nomades que j'ai déjà définies et que la loi du 31 mai 1850 a voulu exclure? Pour avoir cette appréhension, il ne faudrait pas connaître la classe ouvrière, et toutes les personnes qui ont eu des rapports avec elle ou qui sont à même journellement de l'apprécier, conviendront avec moi que l'ouvrier qui reste deux ans de suite à travailler chez le même patron ne peut, ni ne doit être rangé dans la catégorie des gens sans aveu et de désordre.

Avec les modifications que je viens de faire connaître, la loi électorale du 31 mai 1850 ne laisserait plus rien à désirer et pourrait être appliquée sans aucun danger à toutes les élections ; toutes ces récriminations contre le pouvoir, ces accusations de violation de Constitution si souvent renouvelées et avec lesquelles les ennemis de l'ordre social trompent chaque jour le peuple et cherchent à se faire des prosélytes, cesseraient ; tous les hommes qui veulent sincèrement la tranquillité et le bonheur du pays se trouveraient au complet pour les luttes qui se préparent, et lorsque l'échéance de 1852, dont nous sommes avec raison si justement effrayés, arriverait, nous aurions le droit de proclamer hautement, sans crainte d'être contredits, que la loi qui doit présider aux élections d'où dépand le salut de la France, est bien l'application réelle du suffrage universel.

Ici se termine le tâche que je me suis imposée ; mais il me reste un aveu à faire à ceux qui voudront bien se donner la peine de me lire. En écrivant ces réflexions, je n'ai jamais eu la prétention de me poser en législateur ; je n'en ai ni le talent, ni le mérite, et sous ce rapport je confesse publiquement ma complète insuffisance.

Mon unique pensée a été de les communiquer, de les soumettre à l'appréciation judicieuse de mes amis que j'avais plus d'une fois entretenus de ces importantes questions.

Si donc aujourd'hui je me décide à les faire imprimer, c'est qu'ils ont reconnu qu'elles pouvaient être de quelque utilité, lors des graves discussions qui vont bientôt s'ouvrir, et qu'ils ont daigné m'y engager en me promettant le concours de leurs conseils, de leurs lumières.

Un autre motif non moins puissant m'y a encore déterminé, c'est la persistance de nos Montagnards à proclamer dans les discussions même les plus minimes, la nécessité de maintenir et même d'étendre la centralisation.

Pour que ces prétendus réformateurs de l'ordre social, qui n'ont que des paroles de mépris et de haine contre la religion, la famille et la propriété, se montrent si fidèles et si chauds partisans de ce funeste système, il faut nécessairement qu'ils reconnaissent que lui seul peut leur donner quelques chances de succès, et l'espoir de satisfaire un jour leur insatiable cupidité, en continuant à tromper le peuple à l'aide de ces théories fallacieuses, irréalisables, que la raison condamne et que l'ambition démesurée ou l'ignorance peuvent seules admettre.

Une telle conduite de la part de nos adversaires politiques ne devrait-elle pas suffire pour dessiller les yeux de ceux des représentants qui, persuadés qu'on doit toucher aux institutions et aux lois qu'avec beaucoup de ménagement, se montrent disposés à les soutenir et repoussent des innovations dont l'urgence augmente de jour en jour. Je pourrais encore le concevoir dans un temps de calme, mais que dans celui où nous avons le malheur de vivre, nous devons considérer cette manière de voir comme une faute immense.

Qu'ils méditent ces paroles prononcées naguères par un de nos hommes d'Etat les plus éminents, M. Guizot, au talent et à la probité duquel les hommes de toutes les opinions ont constamment rendu justice : « La fusion ne consiste pas simplement dans l'accord sincère des deux opinions composant le grand parti de l'ordre ; pour qu'elle soit efficace, il faut d'abord que la révolution soit définitivement vaincue. Or, pour vaincre la révolution, il faut la satisfaire. Il y a au fond de ce mensonge odieux qui s'appelle le socialisme, un levain de justice et de progrès qui doit servir à la nourriture des peuples dans l'avenir. Si les sottises d'un Cabet, les folies d'un Proudhon, les niaiseries sentimentales d'un Leroux, passionnent la masse ignorante, c'est que les absurdités de ces dangereux utopistes se dissimulent sous certaines vérités palpables comme le fait, évidentes comme la lumière ; il faut donc que la fusion commence par s'opérer entre les vérités et les idées, les traditions éternelles de la société chrétienne et de la civilisation. »

Ils ne tarderont pas alors à être convaincus et ils s'empresseront d'entrer franchement dans la voie des réformes qui, accordant au pays les satisfactions qu'il réclame à si juste titre, éclaireront enfin le peuple trop souvent abusé, égaré sur ses véritables intérêts, réformes que les circonstances actuelles exigent et que le salut de la société commande.

www.ingramcontent.com/pod-product-compliance
Ingram Content Group UK Ltd.
Pitfield, Milton Keynes, MK11 3LW, UK
UKHW012113240726
13965UKWH00004B/1749